Das magische Baumhaus

Mit Anne und Philipp im Regenwald

Mary Pope Osborne und Will Osborne

Das magische Baumhaus

Mit Anne und Philipp im Regenwald

Loewe

Bibliografische Information Der Deutschen Bibliothek
Die Deutsche Bibliothek verzeichnet diese Publikation in der Deutschen Nationalbibliografie; detaillierte bibliografische Daten sind im Internet über *http://dnb.ddb.de* abrufbar.

Der Umwelt zuliebe ist dieses Buch auf chlorfrei gebleichtem Papier gedruckt.

ISBN 3-7855-5576-8 – 1. Auflage 2005
Sonderausgabe. Bereits als Einzelbände unter den Originaltiteln *Afternoon on the Amazon* (© 1995 Mary Pope Osborne) und *Magic Tree House Research Guide – Rain Forests* (Text © 2001 Will Osborne und Mary Pope Osborne, Illustrationen © 2001 Sal Murdocca) erschienen.

Erschienen in der Original-Serie *Magic Tree House*™.
Magic Tree House™ ist ein Trademark von Mary Pope Osborne, das der Originalverlag in Lizenz verwendet.
Veröffentlicht mit Genehmigung des Originalverlags, Random House Children's Books, a division of Random House, Inc.

Als Einzeltitel in der Reihe *Das magische Baumhaus* sind bereits erschienen: *Gefahr am Amazonas* und *Forscherhandbuch Regenwald.*
Aus dem Amerikanischen übersetzt von Sabine Rahn, Cornelia Panzacchi
Umschlagillustration: Jutta Knipping
Umschlaggestaltung: Barbara Weishaupt
Gesamtherstellung: GGP Media GmbH, Pößneck
Printed in Germany

www.loewe-verlag.de

Inhalt

Gefahr am Amazonas

Forscherhandbuch Regenwald

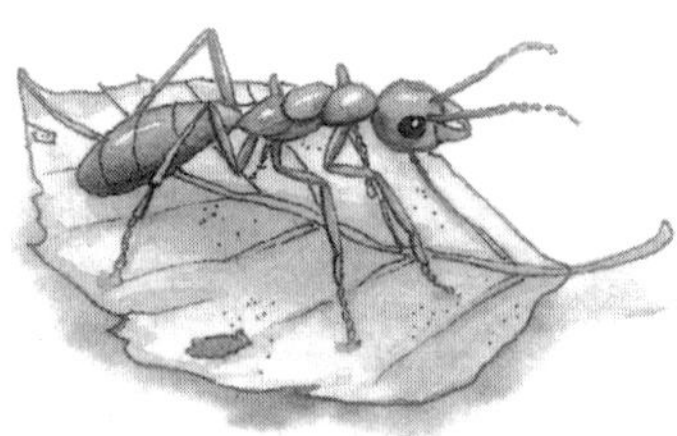

Mary Pope Osborne

Gefahr am Amazonas

Aus dem Amerikanischen
übersetzt von Sabine Rahn

Illustriert von Jutta Knipping

Wo ist Mimi?

„Beeil dich, Philipp!“, rief Anne.

Sie rannte in den Wald von Pepper Hill.

Philipp rannte hinter ihr her.

„Es ist noch da!“, rief Anne.

Philipp holte seine Schwester ein, die jetzt unter einer großen Eiche stand.

Philipp schaute nach oben. Die Nachmittagssonne schien auf das verzauberte Baumhaus.

„Wir kommen, Mimi!“, rief Anne.

Sie ergriff die Strickleiter und begann hinaufzuklettern.

Philipp folgte ihr. Sie kletterten lange, bis sie schließlich oben waren.

„Mimi?“, rief Anne.

Philipp setzte seinen Rucksack ab und sah sich um.

Das Sonnenlicht fiel auf einen Stapel Bücher: Bücher über Piraten, Mumien, Ritter, Ninjas und Dinosaurier.

Der Buchstabe M schimmerte auf dem Holzfußboden. Das M stand für Morgan.

„Ich glaube, Mimi ist nicht hier“, stellte Philipp fest.

„Wo sie wohl steckt?“, wunderte sich Anne.

„Woher weißt du, dass Mimi eine ‚Sie‘ ist?“, fragte Philipp.

„Das weiß ich einfach“, behauptete Anne.

„Oh, Mann!“, seufzte Philipp.

„Quiek!“

Anne lachte. „Schau doch, Philipp!“

Ein kleiner rosafarbener Strumpf bewegte sich über den Boden. Der Strumpf, den Anne gestern als Bett für Mimi hergerichtet hatte.

Anne griff nach der kleinen Beule im Strumpf.

„Quiek!“

Eine braun-weiße Maus lugte aus dem Strumpf und sah mit ihren großen Knopfaugen von Philipp zu Anne.

Philipp lachte. „Hallo, Mimi!“, sagte er.

„Wirst du uns heute wieder helfen?“, fragte Anne.

Mimi hatte ihnen schon einmal geholfen, als sie sich verirrt hatten.

„Wir müssen noch die anderen drei Gegenstände für Morgan suchen“, erinnerte Anne ihren Bruder.

Philipp rückte seine Brille zurecht. „Aber zuerst müssen wir nach einem Hinweis suchen, wo wir anfangen sollen“, sagte er.

„Weißt du was?“, fragte Anne.

„Was?“, fragte Philipp zurück.

„Wir müssen gar nicht erst lange suchen.“ Anne deutete in eine Ecke des Baumhauses. Dort lag im Schatten ein offenes Buch.

Riesige Käfer

„Wahnsinn!“, staunte Philipp und hob das Buch auf. „Wer hat das Buch bloß aufgeschlagen?“

Philipp klappte das Buch zu und betrachtete den Umschlag.

Darauf sah man einen grünen Wald. Die Bäume waren sehr hoch und standen sehr nahe beieinander.

Darüber standen die Worte: *Der Regenwald*.

„Oh, Mann!“, sagte Philipp.

„Oh nein!“, rief Anne.

„Was ist denn los?“, fragte Philipp.

„Wir haben in der Schule über den Regenwald gesprochen“, sagte Anne.

„Dort gibt es riesige Käfer und Spinnen!“

„Ich weiß“, antwortete Philipp, „und die Hälfte davon hat man noch nicht einmal entdeckt!“

„Wie unheimlich!“, fand Anne.

„Ist doch toll!“, widersprach Philipp. Er wollte sich im Regenwald wieder Notizen machen. Vielleicht konnte er sogar ein paar unbekannte Käfer entdecken.

„Toll? Igitt!“, rief Anne und erschauderte.

„Das verstehe ich nicht“, sagte Philipp. „Du hast doch nicht einmal Angst vor den Dinosauriern gehabt.“

„Na und?“

„Du hast dich auch vor den Burgwachen und dem Geist der Mumie nicht gefürchtet.“

„Na und?“

„Weder die Piraten noch die Ninjas haben dich erschreckt.“

„Na und?“

„Vor den wirklich unheimlichen Dingen hast du keine Angst, aber vor kleinen Spinnen und Käfern. Das verstehe ich nicht.“

„Na und?“

Philipp seufzte. „Hör zu“, sagte er. „Wir müssen dorthin, um Morgan zu helfen. Deswegen lag das Buch auch aufgeschlagen dort.“

„Ich weiß“, antwortete Anne stirnrunzelnd.

„Außerdem ist der Regenwald in Gefahr“, sagte Philipp. „Willst du ihn nicht noch mal sehen, ehe es zu spät ist?“

Anne holte tief Luft und nickte dann.

„Na gut, lass uns gehen!“, sagte Philipp.

Er schlug das Buch wieder auf und deutete auf ein Bild, auf dem ein blauer Himmel, grüne Bäume und bunte Blumen zu sehen waren.

„Ich wünschte, wir wären dort!“, sagte er.

Wind kam auf.

„Quiek!“

„Bleib hier, Mimi!“, sagte Anne und steckte die Maus in ihre Tasche.

Der Wind wurde stärker, und das Baumhaus begann, sich zu drehen.

Philipp machte die Augen fest zu.

Der Wind pfiff jetzt, und das Baumhaus drehte sich immer schneller.

Dann war alles wieder ruhig.

Unheimlich ruhig. Bis wilde Laute die Stille zerrissen.

IIIIEEHH!

BZZZ!

ZIRP! ZIRP!

Igitt!

Philipp öffnete die Augen.

Die Luft war heiß und schwül.

„Es sieht aus, als ob wir in irgendwelchen Büschen gelandet wären“, sagte Anne.

Sie schaute aus dem Fenster. Mimi spähte aus Annes Tasche.

Philipp sah auch aus dem Fenster.

Sie waren in einem Meer grüner Blätter gelandet. Draußen wuchsen Blumen. Bunte Schmetterlinge gaukelten von Blüte zu Blüte, und Vögel sangen. Genau wie im Buch.

„Komisch", fand Philipp. „Warum wir wohl nicht in einem Baum gelandet sind, wie sonst auch immer?"

„Keine Ahnung", antwortete Anne. „Komm, lass uns schnell dieses zweite Ding für Morgan finden. Damit wir bald wieder nach Hause können, ehe wir irgendwelchen Riesenkäfern begegnen!"

„Warte mal. Das ist doch seltsam", sagte Philipp. „Ich verstehe nicht, weshalb wir in diesen Büschen gelandet sind. Ich lese das besser mal nach."

„Komm schon!“, sagte Anne. „Hier brauchen wir nicht einmal die Leiter. Wir klettern einfach aus dem Fenster.“

Anne steckte Mimi wieder in ihre Tasche und streckte schon ein Bein aus dem Fenster.

„Halt!“ Philipp griff schnell nach Annes anderem Bein und las:

Der Regenwald wächst in drei Baumstockwerken. Die Baumwipfel mit einer Höhe von 50–60 Metern bilden das so genannte Kronendach des Waldes. Darunter kommt das mittlere Stockwerk, dann der Waldboden.

„Komm wieder rein!“, schrie Philipp. „Wir sind mehr als fünfzig Meter über dem Waldboden! Im Kronendach!“

„Schluck!“, sagte Anne und kletterte rasch wieder zurück ins Baumhaus.

„Wir müssen die Leiter benutzen!“, sagte Philipp. Er ließ sich auf Hände und Knie nieder, schob die Blätter am Loch im Boden zur Seite und sah nach unten.

Die Leiter fiel an den Ästen eines riesigen Baumes vorbei nach unten. Weiter konnte Philipp nicht sehen.

„Ich weiß nicht, was da unten ist", sagte er. „Sei vorsichtig."

Philipp steckte das Regenwald-Buch in seinen Rucksack, und dann begann er, die Leiter hinunterzuklettern.

Anne, die immer noch Mimi in der Tasche hatte, folgte ihm.

Philipp zwängte sich durch die Blätter. Als er zum mittleren Baumstockwerk kam, sah er hinunter. Der Waldboden war noch sehr weit weg!

„Oh, Mann!", flüsterte Philipp.

Dort unten sah es völlig anders aus als oben in den Baumwipfeln.

Jetzt, da sie aus der Sonne waren, war es viel kühler. Es war feucht und sehr still.

Philipp überlief ein Schauer. Das war der unheimlichste Ort, den er je gesehen hatte.

Millionen und Abermillionen!

Philipp verharrte bewegungslos und starrte unentwegt auf den Waldboden.

„Was ist los?“, fragte Anne von oben.

Philipp antwortete nicht.

„Du siehst dort doch nicht etwa irgendwelche Riesenspinnen, oder?“, fragte sie.

„Äh, nein.“ Philipp holte tief Luft.

„Wir müssen weiter“, dachte er. „Wir müssen dieses zweite Ding für Morgan finden.“

„Keine Spinnen, überhaupt nichts Unheimliches“, antwortete Philipp und stieg weiter nach unten.

Philipp und Anne kletterten durch das

mittlere Baumstockwerk und erreichten schließlich den Waldboden. Nur wenige Lichtstrahlen drangen durch den düsteren Schatten.

Die Bäume waren sehr, sehr hoch und sehr dick. Überall wuchsen Schlingpflanzen und Moos, und der Boden war mit verrottenden Blättern bedeckt.

„Ehe wir irgendetwas unternehmen, schaue ich lieber noch mal in dem Buch nach", sagte Philipp.

Er holte das Buch heraus und fand das Bild von der dunklen Welt unter den Baumwipfeln.

Er las:

Im Regenwald passen sich viele Lebewesen perfekt an ihre Umwelt an. Das nennt man Tarnung.

„Oh, Mann!“, sagte Philipp. Er klappte das Buch wieder zu und sah sich um. „Hier gibt es Millionen von Tieren, und wir können sie bloß nicht sehen!“

„Wirklich?“, fragte Anne.

Die beiden sahen sich in dem stillen Wald um. Philipp fühlte sich von unsichtbaren Augen beobachtet.

„Komm, wir beeilen uns, dieses besondere Ding zu finden“, flüsterte Anne.

„Aber wie sollen wir wissen, dass wir es gefunden haben?“, fragte Philipp.

„Ich glaube, das werden wir schon merken“, antwortete Anne. Sie ging voran. Philipp folgte ihr. Sie gingen zwischen den riesigen Bäumen hindurch, vorbei an Schlingpflanzen.

Da blieb Anne plötzlich stehen. „Was ist das?“

„Was ist was?“

„Hör doch, dieses Geräusch.“

Philipp lauschte. Er hörte ein Rascheln. Es hörte sich an, als ob jemand durch Blätter lief.

Philipp sah sich um. Er konnte niemanden sehen.

Aber das Rascheln wurde lauter.

War das ein Tier? Ein riesiger Käfer? Vielleicht sogar einer, dem noch niemand einen Namen gegeben hatte?

Da wurde der stille Wald plötzlich lebendig.

Vögel schwangen sich in die Luft. Frösche hüpften über die Blätter. Eidechsen rannten an Baumstämmen empor.

Das seltsame Geräusch wurde lauter.

„Vielleicht steht darüber etwas in dem Buch“, meinte Philipp. Er öffnete das Buch und fand ein Bild von vielen

verschiedenen Tieren auf der Flucht. Er las:

Wenn Tiere ein lautes Rascheln hören, fliehen sie voller Panik, denn das bedeutet, dass 30 Millionen Fleisch fressende Ameisen über die Blätter laufen.

„Es ist eine Ameisen-Armee!“, schrie Philipp. „Millionen von Ameisen!“

„Wo?“, schrie Anne.

Philipp und Anne sahen sich panisch um.

„Da!“

Anne deutete auf die Ameisen-Armee – Millionen und Abermillionen Ameisen marschierten über die Blätter auf sie zu.

„Renn zum Baumhaus zurück!“, schrie Anne.

„In welche Richtung?“, fragte Philipp und drehte sich um. Alle Bäume sahen gleich aus. Wo war die Strickleiter?

„Renn einfach!“, rief Anne.

Die beiden rannten los. Über den mit Blättern bedeckten Boden, zwischen den dicken Baumstämmen hindurch. Vorbei an Schlingpflanzen und Moos. Sie kletterten über dicke Baumwurzeln.

Dann sah Philipp eine Lichtung vor sich, die im hellen Sonnenlicht lag.

„Da lang!“, rief er.

Die beiden Kinder rannten auf das Licht zu. Sie zwängten sich durch Büsche und kamen an einem Flussufer heraus.

Sie starrten in das langsam fließende, braune Wasser.

„Glaubst du, dass die Ameisen in diese Richtung kommen werden?“, fragte Anne keuchend.

„Keine Ahnung“, antwortete Philipp. „Aber wenn wir ein paar Schritte in den Fluss hineinwaten, sind wir sicher. Die Ameisen kommen bestimmt nicht ins Wasser. Komm!“

„Schau!“, rief Anne. Sie deutete auf einen großen Baumstamm, der am Flussufer trieb. Der Stamm war ausgehöhlt.

„Sieht aus wie ein Kanu“, meinte Philipp. Er lauschte auf das Rascheln. „Los, wir steigen ein!“

Philipp schob das Buch zurück in seinen Rucksack. Dann kletterten sie vorsichtig in den ausgehöhlten Stamm.

Anne beugte sich heraus und stieß sich mit den Händen vom Ufer ab.

„Halt!“, rief Philipp. „Wir haben doch gar keine Paddel!“

„Au weia!“, sagte Anne.

Das Kanu trieb langsam auf dem schlammigen Fluss dahin.

Hübsche Fische

„Quiek!“

Anne streichelte die kleine Maus in ihrer Tasche.

„Schon gut, Mimi. Die Ameisen können uns hier auf dem Fluss nicht kriegen. Wir sind sicher.“

„Vielleicht vor den Ameisen“, schränkte Philipp ein. „Aber wer weiß, wo das Kanu hintreibt.“

Die beiden Geschwister starrten auf den Fluss. Zweige reichten bis auf das Wasser. Schlingpflanzen und Flechten hingen von ihnen herunter.

„Ich lese das lieber mal nach“, sagte Philipp. Er nahm das Regenwald-Buch aus dem Rucksack und blätterte darin.

Als er ein Bild von einem Fluss fand, las er:

Der Amazonas fließt auf einer Länge von 6 500 Kilometern von den Bergen Perus durch Brasilien bis zum Atlantik. In seiner Flussebene wachsen über die Hälfte aller Regenwälder weltweit.

Philipp sah Anne an. „Wir sind auf dem Amazonas“, sagte er. „Der ist über 6500 Kilometer lang.“

„Wahnsinn!“, flüsterte Anne. Sie blickte auf den Fluss und ließ ihre Hand durch das Wasser gleiten.

„Ich muss mir ein paar Notizen machen“, sagte Philipp.

Er zog sein Notizbuch aus dem Rucksack und schrieb:

Der Regenwald am Amazonas ist

„Philipp, schau doch mal, all diese hübschen Fische mit den Zähnen“, sagte Anne.

„Was?“ Philipp hob den Kopf.

Anne deutete auf ein paar blaue Fische, die in der Nähe ihres Kanus schwammen. Sie hatten rote Bäuche und rasiermesserscharfe Zähne.

„Vorsicht!“, schrie Philipp. „Das sind Piranhas! Die fressen alles! Sogar Menschen!“

„Au weia!“, flüsterte Anne.

„Wir gehen lieber wieder an Land“, sagte Philipp und steckte die Bücher zurück in seinen Rucksack.

„Aber wie?“, fragte Anne. „Wir können nicht ins Wasser, und Paddel haben wir auch keine.“

Philipp versuchte, ganz ruhig zu bleiben. „Wir müssen einen Plan schmieden“, sagte er.

Philipp starrte über den Fluss. Ein Stück vor ihnen hingen Schlingpflanzen über dem Wasser.

„Ich werde mir eine dieser Lianen schnappen“, verkündete Philipp. „Und dann ziehe ich uns ans Ufer.“

„Gute Idee!“, fand Anne.

Als sie unter den Zweigen dahinglitten, stand Philipp auf. Das Kanu wackelte, und er wäre fast hinausgefallen.

„Halte das Kanu im Gleichgewicht!“, sagte Philipp. Anne lehnte sich zu einer Seite. Philipp beugte sich raus und verfehlte die Liane. Sie trieben weiter.

Philipp griff wieder nach einer Schlingpflanze und fasste zu.

Sie war kühl und schuppig. Sie bewegte sich und zuckte!

„Ahh!“, schrie Philipp und fiel zurück ins Kanu.

Die Liane war lebendig.

Es war eine lange, grüne Schlange.

Die Schlange fiel vom Baum ins Wasser und schwamm davon.

„Oh, Mann!“, seufzte Philipp.

Anne und er starrten einander entsetzt an.

„Und jetzt?“, fragte Anne.

„Tja ...“ Philipp blickte nachdenklich in den Fluss. Hier waren jetzt keine Zweige mehr über ihnen. Dafür schwamm ein dicker Ast im Wasser.

„Greif dir den Ast, der da schwimmt“, schlug Philipp vor, „vielleicht können wir den als Paddel benutzen.“

Das Kanu trieb näher an den Ast heran. Anne griff danach.

Doch plötzlich bewegte sich der Ast. Es war ein Krokodil!

„Hilfe!“, schrie Anne und ließ sich zurück ins Kanu fallen.

Das Krokodil klappte sein riesiges Maul auf und zu. Dann schwamm es am Kanu vorbei flussaufwärts.

„Oh, Mann!“, flüsterte Philipp.

Plötzlich hörten sie ein lautes Kreischen.

Anne und Philipp zuckten zusammen.

„Hilfe!“, rief Philipp.

Er war darauf gefasst, noch irgendein fürchterliches Tier zu entdecken.

Aber er sah nur einen kleinen, braunen Affen, der an seinem Schwanz von einem Ast baumelte.

Affenärger

„Quiek! Quiek!“

Mimi streckte ihren Kopf aus Annes Tasche und schien dem Affen etwas zuzurufen.

„Keine Bange, Mimi!“, sagte Anne. „Das ist nur ein kleiner Affe. Der tut uns nichts.“

Aber plötzlich pflückte der Affe eine der großen, roten Früchte, die auf seinem Baum wuchsen, und schleuderte sie in Richtung Kanu.

„Pass auf!“, schrie Philipp.

Die Frucht fiel mit einem lauten Platschen ins Wasser.

Der Affe kreischte lauter.

Dann pflückte er noch eine Frucht.

„Hey, bewirf uns nicht!“, rief Anne.

Aber der Affe schleuderte die Frucht direkt auf sie zu.

Philipp und Anne duckten sich wieder, und der Affe warf vorbei.

„Hör auf!“, schrie Anne.

Aber der Affe wedelte nur mit seinen Armen und kreischte wieder.

„Oh, Mann!“, sagte Philipp. „Das glaub ich nicht!“

Der Affe pflückte eine dritte Frucht und schleuderte sie auf Philipp und Anne. Diesmal landete sie mit einem dumpfen Geräusch im Kanu.

Anne hob die Frucht auf und warf sie zurück auf den Affen.

Sie traf nicht, aber das Kanu wackelte, und fast wäre sie hinausgefallen.

Der Affe kreischte noch lauter.

„Geh weg!“, schrie Anne. „Du bist das gemeinste Tier auf der ganzen Welt!“

Der Affe hörte auf zu kreischen.

Er blickte Anne an und schwang sich dann in den Wald.

„Ich glaube, ich habe ihn beleidigt“, sagte Anne.

„Was soll's“, erwiderte Philipp. „Er hätte uns ja nicht bewerfen müssen!“

„Oje!“, sagte Anne. „Es regnet.“

„Was?“ Philipp sah nach oben, und ein Regentropfen fiel ihm ins Auge.

„Oh nein!“, sagte Philipp.

„Was erwartest du denn, wir sind schließlich im Regenwald!“

Ein Windstoß wehte über das Kanu.

Es donnerte.

„Es ist nicht gut, bei Gewitter auf dem Fluss zu bleiben“, sagte Philipp. „Wir müssen zurück ans Ufer. Sofort.“

„Aber wie?“, fragte Anne. „Wir können weder waten noch schwimmen, sonst erwischen uns die Piranhas, die Schlange oder das Krokodil.“

Wieder zerriss ein durchdringender Schrei die Luft.

„Oh nein!“, sagte Philipp. Der ungezogene Affe war wieder da!

Diesmal deutete der Affe mit einem langen Stock auf sie.

Philipp duckte sich.

Ob der Affe den Stock auf sie schleudern wollte? Wie einen Speer?

Anne stand auf und starrte den Affen an.

„Pass auf!“, schrie Philipp. „Der ist verrückt!“

Aber der Affe starrte Anne einfach nur an. Und Anne starrte ihn an.

Nach einem langen Augenblick schien der Affe zu lächeln.

Anne lächelte zurück.

„Was geht hier vor?“, fragte Philipp.

„Er will uns helfen“, verkündete Anne.

„Uns helfen? Wie denn?“

Der Affe streckte den langen Stock aus.

Anne ergriff das andere Ende, und das Kanu bewegte sich auf ihn zu.

Der Affe zog das Kanu bis ans Ufer.

Keine Bewegung!

Philipp und Anne sprangen aus dem Kanu.

Es regnete stärker.

Der Affe machte sich davon. Er schwang sich von Baum zu Baum am Ufer entlang.

Er kreischte wieder und machte Philipp und Anne Zeichen.

„Er will, dass wir ihm folgen!“, sagte Anne.

„Nein. Wir müssen dieses besondere Ding finden und dann wieder zurück nach Hause“, widersprach Philipp.

„Er will uns doch helfen“, sagte Anne. Sie lief dem Affen hinterher.

Die beiden verschwanden im Regenwald.

„Anne!“

Donner grollte am Himmel.

„Oh, Mann!“, sagte Philipp.

Er rannte hinter Anne und dem Affen her in den dunklen Wald.

Im Wald war es überraschend trocken. Es regnete immer noch, aber die Baumwipfel wirkten wie ein riesiger Regenschirm.

„Anne?“, rief Philipp.

„Philipp! Philipp!“, rief Anne zurück.

„Wo bist du?“

„Hier!“

Philipp eilte in die Richtung, aus der Annes Stimme kam.

Bald sah er den Affen, der sich kreischend an einem Baum hin und her schwang.

Anne kniete auf dem Waldboden. Sie spielte mit einem Tier, das aussah wie ein riesiges Kätzchen.

„Was ist denn das?“, fragte Philipp.

„Keine Ahnung, aber ich mag es“, sagte Anne. Sie streichelte die Pfoten des Tieres. Es hatte ein goldfarbenes Fell mit schwarzen Flecken.

„Ich schau lieber mal nach, was das ist“, sagte Philipp. Er holte sein Regenwald-Buch heraus und blätterte es durch.

„Ach, ist das süß!“, rief Anne.

Philipp fand ein Bild von einem Tier mit goldfarbenem Fell mit schwarzen Flecken. Er las:

Der Jaguar ist das größte Raubtier auf der westlichen Erdhalbkugel.

„Von wegen süß!“, sagte Philipp. „Das muss ein Jaguarbaby sein. Wenn es groß ist, wird es eins der größten Raubtiere ...“

„Ein was?“, fragt Anne, die nicht richtig zugehört hatte.

„Grrrr!“

Philipp fuhr herum.

Die Jaguar-Mutter sprang hinter einem Baum hervor und schlich sich näher – direkt auf Anne zu.

„Keine Bewegung!", flüsterte Philipp.

Anne bewegte sich nicht. Aber der Jaguar schlich langsam auf sie zu.

„Hilfe!“, flüsterte Philipp kläglich.

Plötzlich schwang sich der Affe vom Baum herunter und packte den Jaguar am Schwanz.

Die große Katze brüllte und drehte sich um.

Anne sprang auf.

Der Affe zog den Jaguar noch einmal am Schwanz. Dann ließ er los und machte sich davon.

Der Jaguar sprang ihm hinterher.

„Renn los, Anne!“, schrie Philipp.

Anne und Philipp rannten durch den Regenwald. Sie liefen um ihr Leben.

Vampire?

„Warte ...“, keuchte Philipp. „Ich glaube, wir haben ihn abgehängt.“

Die beiden Geschwister blieben stehen und schnappten nach Luft.

„Wo sind wir?“, fragte Philipp.

„Wo ist der Affe?“, fragte Anne und sah sich um. „Glaubst du, dass der Jaguar ihn gekriegt hat?“

„Nein, Affen sind schnell“, antwortete Philipp.

„Natürlich sind Jaguare auch sehr schnell“, dachte Philipp. Doch das wollte er Anne lieber nicht sagen.

„Ich hoffe, es geht ihm gut“, sagte Anne.

„Quiek!“

Mimi lugte aus Annes Tasche.

„Mimi! Dich hätte ich fast vergessen!“, sagte Anne. „Geht es dir gut?“

Die Maus starrte Anne mit ihren großen Augen an.

„Sie sieht verängstigt aus“, fand Philipp. „Arme Mimi!“

„Armer Affe!“, erwiderte Anne. Sie blickte sich im Wald um.

„Wir sehen lieber mal im Buch nach“, schlug Philipp vor.

Er holte das Buch heraus und blätterte durch die Seiten, auf der Suche nach einem hilfreichen Hinweis.

Er betrachtete das Bild eines Furcht einflößenden Wesens.

„Oh, Mann, was ist denn das?“, fragte er. Philipp las, was unter dem Bild stand:

Vampir-Fledermäuse leben im Regenwald am Amazonas. Nachts beißen sie ihre Opfer und saugen ihr Blut.

„Vampir-Fledermäuse?“, wiederholte Philipp. Er fühlte sich auf einmal ganz schwach.

„Vampir-Fledermäuse?“, fragte Anne.

Philipp nickte. „Wenn es dunkel wird.“

Anne und Philipp sahen sich um. Sie hatten den Eindruck, dass es im Regenwald jetzt schon dunkler wurde.

„Igitt!“, sagte Anne. Sie sah Philipp an. „Wir sollten lieber nach Hause gehen.“

Philipp nickte. Zur Abwechslung waren sie mal einer Meinung.

„Aber was ist mit unserer Aufgabe?“, fragte Anne. „Was ist mit Morgan?“

„Wir kommen wieder“, sagte Philipp. „Und zwar besser vorbereitet.“

„Dann kommen wir morgen wieder?“, fragte Anne.

„Genau. In welcher Richtung steht der Baum mit unserem Baumhaus?“, fragte Philipp.

„Da lang!“, sagte Anne und deutete in eine Richtung.

„Da lang“, behauptete Philipp und deutete in die entgegengesetzte Richtung.

Sie sahen einander an. „Wir haben

uns verlaufen!“, erkannten sie beide gleichzeitig.

„Quiek!“

„Keine Sorge, Mimi“, sagte Anne und streichelte die Maus wieder. Doch dann hielt sie inne.

„Quiek. Quiek. Quiek.“

„Philipp, ich glaube, Mimi will uns helfen“, sagte Anne.

„Wie denn?“

Anne zuckte mit den Schultern und setzte die Maus auf den Waldboden. „Führ uns zum Baumhaus, Mimi!“

Die Maus lief los.

„Wo ist sie?“, fragte Anne. „Ich sehe sie nicht mehr.“

„Dort!“, rief Philipp und deutete auf einige raschelnde Blätter am Boden.

Ein weiß-brauner Schatten huschte darüber hinweg.

„Ja, da ist sie!“, rief Anne.

Philipp und Anne folgten dem Rascheln. Der kleine Schatten tauchte auf und verschwand wieder.

Plötzlich blieb Philipp stehen. Auf dem Waldboden bewegte sich nichts mehr. Von Mimi keine Spur.

„Wo ist sie?“, fragte Philipp. Er starrte suchend über den Boden.

„Philipp!“

Philipp drehte sich um. Anne stand neben einem Baum und deutete nach oben.

Philipp sah hinauf.

Da war das Baumhaus!

„Oh, Mann!“, sagte Philipp leise.

„Mimi hat uns gerettet!“, sagte Anne. „Schau, sie läuft ganz allein die Leiter hinauf.“ Anne deutete auf die Strickleiter.

Mimi kletterte an einem der Seile nach oben.

„Komm, wir gehen“, sagte Philipp.

Anne begann zu klettern. Philipp kam als Zweiter. Sie folgten Mimi nach oben ins Kronendach des Regenwaldes.

Das zweite magische Ding

Philipp und Anne kletterten in das Baumhaus.

Mimi saß schon auf einem Bücherstapel.

Anne streichelte Mimis kleinen Kopf. „Danke“, sagte sie leise.

„Ich muss mir noch ein paar Notizen über den Regenwald machen!“, sagte Philipp. „Such du schon mal das Pennsylvania-Buch.“

Anne sah sich nach dem Buch über Pennsylvania um, das sie immer wieder nach Hause brachte.

Philipp zog sein Notizbuch heraus. Er hatte sich so viele Notizen machen wollen. Aber alles, was er bislang geschrieben hatte, war:

Der Regenwald am Amazonas ist

„Es ist nicht da!“, rief Anne.

„Was?“ Philipp blickte auf und sah sich selbst um.

Anne hatte Recht. Das Pennsylvania-Buch war nirgends zu entdecken.

„War es da, ehe wir von zu Hause aufgebrochen sind?“, fragte Philipp.

„Ich kann mich nicht erinnern!“, sagte Anne unglücklich.

„Oh, Mann!“, seufzte Philipp. „Jetzt können wir nicht nach Hause nach Pepper Hill.“

„Das bedeutet, wir werden noch hier sein, wenn die Vampir-Fledermäuse kommen!“, sagte Anne ängstlich.

Da kam etwas durch das Fenster hereingeflogen.

„Aaahhh!“, riefen Philipp und Anne erschrocken und duckten sich.

Plumps!

Etwas fiel auf den Boden. Es war eine rote Frucht.

Philipp sah auf. Der Affe saß auf dem Fenstersims. Er hatte den Kopf ein wenig zur Seite gelegt und schien zu grinsen.

„Du bist in Sicherheit!“, rief Anne erfreut.

„Danke, dass du uns gerettet hast!“, sagte Philipp.

Der Affe grinste einfach.

Anne deutete auf die Frucht. „Weshalb bewirfst du uns eigentlich andauernd mit diesen Früchten?“, fragte sie.

Der Affe hob die Frucht auf.

„Nein! Nicht schon wieder werfen!“, rief Philipp und duckte sich.

Aber der Affe wollte die Frucht gar nicht werfen. Er hielt sie Anne hin und bewegte die Lippen, als ob er etwas sagen wollte.

Anne sah dem Affen in die Augen. Er bewegte wieder seine Lippen.

„Hey!“, flüsterte Anne. „Ich weiß, was er meint.“

„Du weißt was?“, fragte Philipp.

Anne nahm die Frucht von dem Affen entgegen. „Das ist es“, sagte sie. „Das ist das Ding, das wir brauchen.“

„Was für ein Ding?“, fragte Philipp.

„Na, eins der besonderen Dinge, die wir für Morgan finden sollen, um sie von ihrer Verzauberung zu erlösen“, erklärte Anne.

„Bist du sicher?“, fragte Philipp.

Aber ehe Anne antworten konnte, sah Philipp das Pennsylvania-Buch auf dem Boden auftauchen. „Schau, da liegt unser Buch!“, rief er.

„Genau!“, sagte Anne. „Wir haben unsere Aufgabe hier erfüllt, und jetzt können wir das Buch auch wieder sehen!“

Philipp nickte. „Stimmt!“, sagte er. Der Ninja-Meister hatte ihnen erklärt, dass sie das Pennsylvania-Buch immer erst dann wieder sehen würden, wenn sie das Ding, das sie suchen mussten, gefunden hatten.

Der Affe lachte kreischend. Philipp und Anne sahen zu ihm rüber. Er klatschte.

„Siehst du“, sagte Anne zu Philipp, „er sagt, dass ich Recht habe.“ Dann wandte sie sich an den Affen: „Wer hat dir eigentlich gesagt, dass du uns diese Frucht geben sollst?“, fragte sie.

Aber der Affe winkte Philipp und Anne einfach zu, drehte sich um und kletterte aus dem Fenster.

„Warte doch!“, rief Philipp und beugte sich aus dem Fenster.

Zu spät. Der Affe war schon zwischen den Baumwipfeln verschwunden.

„Auf Wiedersehen!“, rief Anne ihm hinterher.

Ein frohes Kreischen drang von der geheimnisvollen Welt unter ihnen herauf.

Philipp seufzte. Er nahm sein Notizbuch wieder zur Hand und betrachtete, was er geschrieben hatte.

Der Regenwald am Amazonas ist

Er musste wenigstens diesen Satz beenden, ehe sie zurückreisten! Er schrieb:

einfach erstaunlich!

Dann steckte er sein Notizbuch wieder ein. Anne nahm das Pennsylvania-Buch in die Hand.

„Jetzt müssen wir aber wirklich zurück“, sagte sie.

Sie schlug das Bild vom Wald in Pepper Hill auf und deutete darauf. „Ich wünschte, wir wären dort“, sagte sie.

Der Wind begann zu wehen.

Die Blätter zitterten.

Das Baumhaus fing an, sich zu drehen.

Es drehte sich schneller und immer schneller.

Dann war alles wieder ganz still.

Totenstill.

Die Hälfte ist geschafft!

„Quiek!“

Philipp öffnete die Augen. Mimi saß auf dem Fensterbrett.

„Wir sind wieder zu Hause!“, sagte Anne froh.

Philipp seufzte erleichtert.

Anne hielt die Frucht gegen die Nachmittagssonne.

„Was ist das eigentlich für eine Frucht?“, fragte sie.

„Vielleicht steht das ja auch im Buch“, meinte Philipp.

Er zog das Regenwald-Buch hervor und blätterte durch die Seiten, bis er eine Abbildung der roten Frucht fand.

„Das ist sie!“, rief er und las vor: „Mangos schmecken so süß wie Pfirsiche.“

„Mangos? Hmm!“, machte Anne und hielt die Frucht an ihre Lippen.

„Hey!“, rief Philipp und nahm ihr die Mango aus der Hand. „Die müssen wir zu dem Mondstein legen.“

„Mango, Mondstein ...“, flüsterte Anne, und es klang fast wie ein Zauberspruch.

„Jetzt haben wir die Hälfte“, sagte Philipp. „Zwei fehlen noch.“

„Dann können wir dich erlösen, Morgan!“, rief Anne, als ob Morgan in der Nähe wäre.

„Woher willst du wissen, dass sie dich hören kann?“, fragte Philipp.

„Das fühle ich!“, behauptete Anne.

„Oh, Mann!“, sagte Philipp. Er wollte einen besseren Beweis.

„Quiek!“

Mimi sah Philipp und Anne an.

„Wir müssen jetzt gehen“, sagte Philipp zu der Maus.

„Quiek!“

„Können wir sie nicht mitnehmen?“, fragte Anne.

„Nein!“, erwiderte Philipp. „Mama würde das nicht erlauben. Sie mag keine Mäuse, das weißt du doch.“

„Wie kann man Mäuse *nicht* mögen!“, sagte Anne.

Philipp lächelte. „Wie kann man

Spinnen nicht mögen?“, fragte er zurück.

„Das ist etwas ganz anderes!“ Anne streichelte Mimi. „Tschüss“, sagte sie. „Warte hier auf uns. Wir kommen morgen wieder!“

Philipp streichelte die Maus auch. „Tschüss, Mimi. Und danke für deine Hilfe!“, sagte er.

Philipp legte das Regenwald-Buch zurück auf den Bücherstapel. Dann setzte er seinen Rucksack auf und kletterte mit Anne nach unten.

Sie gingen nebeneinander durch den Wald von Pepper Hill. Die Schatten der Blätter tanzten im Licht.

Ein Vogel zwitscherte.

„Dieser Wald ist völlig anders als der Regenwald“, dachte Philipp.

„Hier gibt es keine Jaguare und Ameisen-Armeen“, sagte er. „Und keine gemeinen Äffchen.“

„Der Affe war eigentlich nie gemein“, überlegte Anne. „Er hat nur versucht, uns eine Mango zu geben.“

„Das stimmt. Eigentlich war ja nichts gemein“, sagte Philipp. „Die Ameisen sind einfach marschiert. So wie Ameisen das eben tun.“

„Und die Piranhas waren eben Piranhas“, sagte Anne.

„Die Schlange war einfach eine Schlange“, sagte Philipp.

„Das Krokodil war eben ein Krokodil!“, sagte Anne.

„Und der Jaguar hat nur sein Junges beschützt“, ergänzte Philipp.

Anne schüttelte sich. „Aber ich mag trotzdem keine Käfer!“, sagte sie.

„Du musst sie ja nicht mögen“, fand Philipp. „Du musst sie einfach nur in Frieden lassen, dann behelligen sie dich auch nicht.“

„Das trifft eigentlich auf den gesamten Regenwald zu“, dachte Philipp. „Man sollte ihn einfach in Ruhe lassen!“

„Wen kümmert es, ob die Käfer schon Namen haben“, sagte er leise. „Hauptsache, sie selbst wissen, wer sie sind.“

Philipp und Anne verließen den Wald von Pepper Hill und bogen in ihre Straße ein, die jetzt in ein goldenes Licht getaucht war.

„Wer schneller ist!“, rief Anne.

Sie rannten los.

Sie rannten über ihren Hof und die Stufen hinauf.

„Im Haus!“, riefen sie gleichzeitig und schlugen sich an der Haustür frei.

Für Shana Corey

Will Osborne und Mary Pope Osborne

Forscherhandbuch
Regenwald

Illustriert von Sal Murdocca und Rooobert Bayer

Aus dem Amerikanischen
übersetzt von Cornelia Panzacchi

1

Was ist ein Regenwald?

Ein Regenwald ist eine Welt für sich. Er ist voller hoher Bäume, seltsamer Tiere, riesiger Insekten und faszinierender Pflanzen. Die größten Blumen der Welt, die allerkleinsten Frösche und die größten Spinnen – sie alle leben in Regenwäldern.

Einige wenige Regenwälder kennen eine Trockenzeit, in der es überhaupt nicht regnet. Man nennt sie saisonale Regenwälder.

Regenwälder gibt es auf der ganzen Welt. In jedem Regenwald leben andere Arten von Pflanzen und Tieren. Doch einige Dinge haben die meisten Regenwälder gemeinsam:

1. In Regenwäldern regnet es viel.

Deshalb nennt man sie schließlich Regenwälder! Meist regnet es jeden Tag. Häufig gibt es Gewitter.

In fast allen Regenwäldern fällt jährlich über 2 m Regen pro Quadratmeter (das ist eine Fläche von 1 m x 1 m). Bei manchen sind es sogar 4 m!

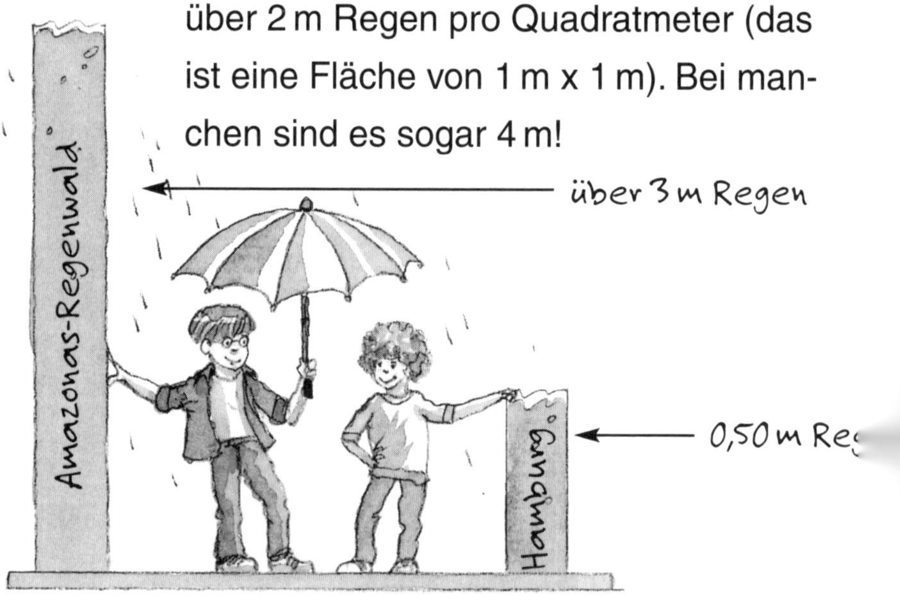

Hamburg ist eine Stadt, in der es sehr viel regnet. Doch im Regenwald fällt fünfmal so viel Regen im Jahr.

2. In Regenwäldern ist die Luftfeuchtigkeit sehr hoch.

Luftfeuchtigkeit ist die in der Luft enthaltene Wassermenge. Auch wenn es nicht regnet, fühlt sich die Luft in einem Regenwald deshalb feucht und dampfig an.

Wasserkreislauf eines Regenwaldes

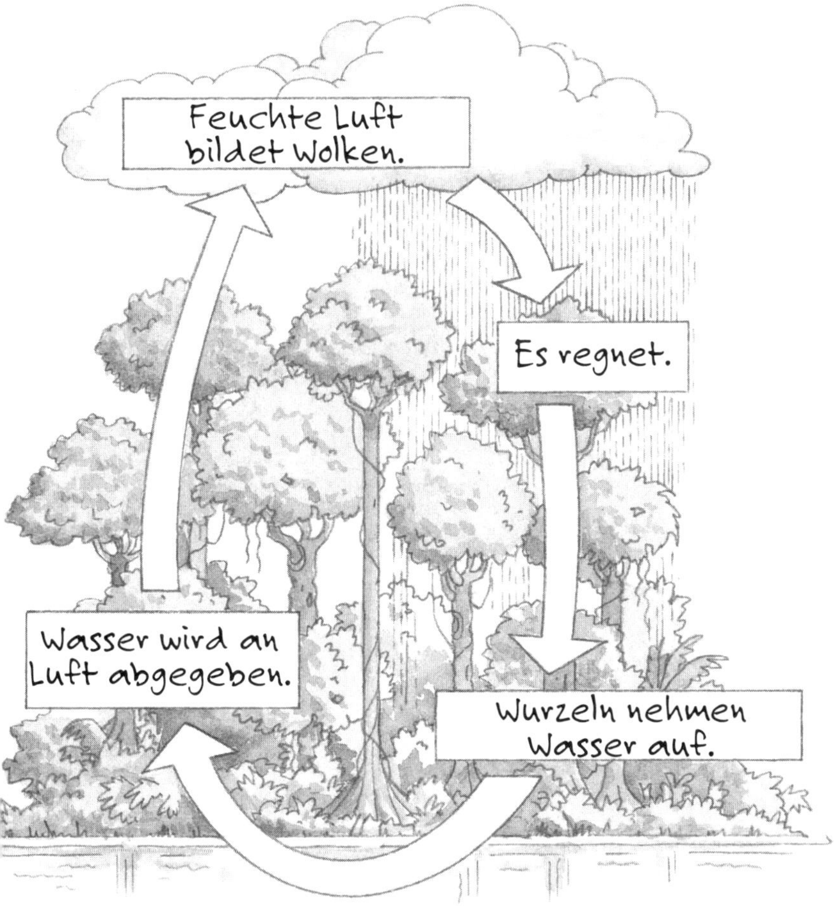

3. In Regenwäldern ist es sehr warm.

In Regenwäldern beträgt die Temperatur das ganze Jahr über 23–26 Grad.

4. Winter und Sommer unterscheiden sich in Regenwäldern wenig.

Temperatur und Luftfeuchtigkeit sind während des ganzen Jahres ziemlich hoch.

Regenwald

Sehr viel Regen

Hohe Luftfeuchtigkeit

Warme Temperaturen

Gleich bleibendes Wetter

Tropische Regenwälder

Die meisten Regenwälder sind tropische Regenwälder. Das bedeutet, dass sie sich in der Nähe des Äquators befinden. Der Äquator ist eine gedachte Linie, die sich um die Mitte der Erde zieht.

Der größte tropische Regenwald ist der Amazonas-Regenwald in Südamerika (siehe die Weltkarte auf S. 96 und 97). Er ist größer als Deutschland, Frankreich, Schweiz, Österreich, Italien, Spanien, Portugal, Niederlande, Belgien, Dänemark, Schweden, Norwegen und Finnland zusammen!

Auch in Mittelamerika, Afrika, Asien, Neuguinea, Australien und auf vielen Inseln im Pazifischen Ozean gibt es große Regenwälder.

In tropischen Regenwäldern leben mehr Arten von Tieren, Insekten und Pflanzen als irgendwo sonst auf der Welt!

•

Regenwälder auf der Erde
Nord-amerika
Atlantischer Ozean
Afrik
Mittelamerika
Äquator
Süd-amerika
Pazifischer Ozean

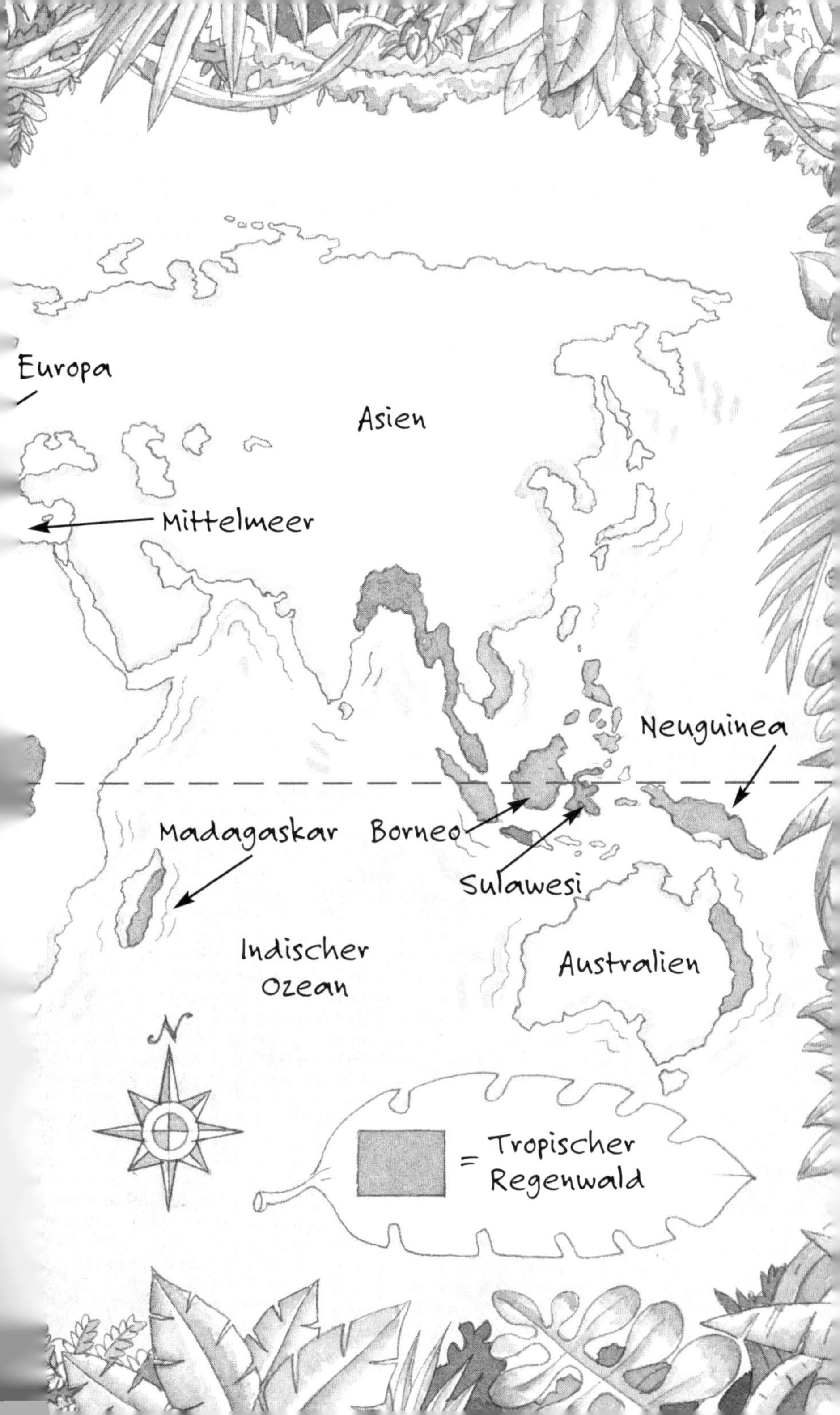
Europa
Asien
Mittelmeer
Neuguinea
Madagaskar
Borneo
Sulawesi
Indischer Ozean
Australien
N
= Tropischer Regenwald

2

Die Stockwerke des Regenwaldes

Ein tropischer Regenwald ist wie ein Gebäude mit mehreren Stockwerken. Die einzelnen Stockwerke nennt man *Schichten*. Man kann unterschiedlich viele Stockwerke unterscheiden. Für eine grobe Einteilung genügt es, von drei Schichten auszugehen.

Das Kronendach

Die Baumwipfel bilden das oberste Stockwerk des Waldes, das man *Kronendach* nennt.

Das Kronendach spannt sich wie ein riesiger grüner Schirm über den Wald. Es befindet sich mehr als 30 Meter über dem Waldboden!

Im Kronendach ist es sehr laut. Hier leben die meisten Tiere des Regenwaldes. Vögel kreischen, Affen schreien und Frösche quaken von morgens bis abends. Sie ernähren sich von Blättern, Insekten,

Einen Brüllaffen kann man fünf Kilometer weit schreien hören!

Brüllaffe

Nüssen und Früchten. Viele von ihnen kommen in ihrem ganzen Leben nie auf den Boden hinunter.

Manche Bäume werden noch höher als die anderen Bäume des Kronendachs. Diese Baumriesen nennt man *Überständer*. Die Kronen der Überständer können höher sein als das 14. Stockwerk eines Hochhauses.

Harpyien sind Adler. Sie leben in Überständern der Regenwälder Mittel- und Südamerikas.

Das mittlere Stockwerk

Unter dem Kronendach liegt das *mittlere Stockwerk*. Im mittleren Stockwerk ist es dunkel und schattig, denn das Laub des Kronendachs ist so dicht, dass es nur ganz wenig Sonnenlicht durchlässt.

Viele Bäume des mittleren Stockwerks sind noch im Wachstum. Sie werden eines Tages Teil des Kronendachs sein. Andere werden nicht höher als 5 m.

Ozelot

Im mittleren Stockwerk leben mehrere Katzenarten. Es ist auch der Lebensraum von Fledermäusen, Eulen, Affen, Schlangen und Echsen.

Ozelots sehen wie schön getigerte Hauskatzen aus – aber sie sind doppelt so groß!

Das untere Stockwerk

Der Waldboden und die Sträucher bilden das *untere Stockwerk*. Hier ist es sehr dunkel und ruhig. Der Boden ist mit verrottenden Blättern bedeckt. Zwischen den Baumstämmen wachsen Farne und Sträucher.

Die Tiere, die im unteren Stockwerk leben, sind bei weitem nicht so laut wie die Tiere der höheren Schichten. Jaguare schleichen lautlos umher. Schlangen gleiten über Baumwurzeln. Millionen von

Die Stockwerke des Regenwaldes

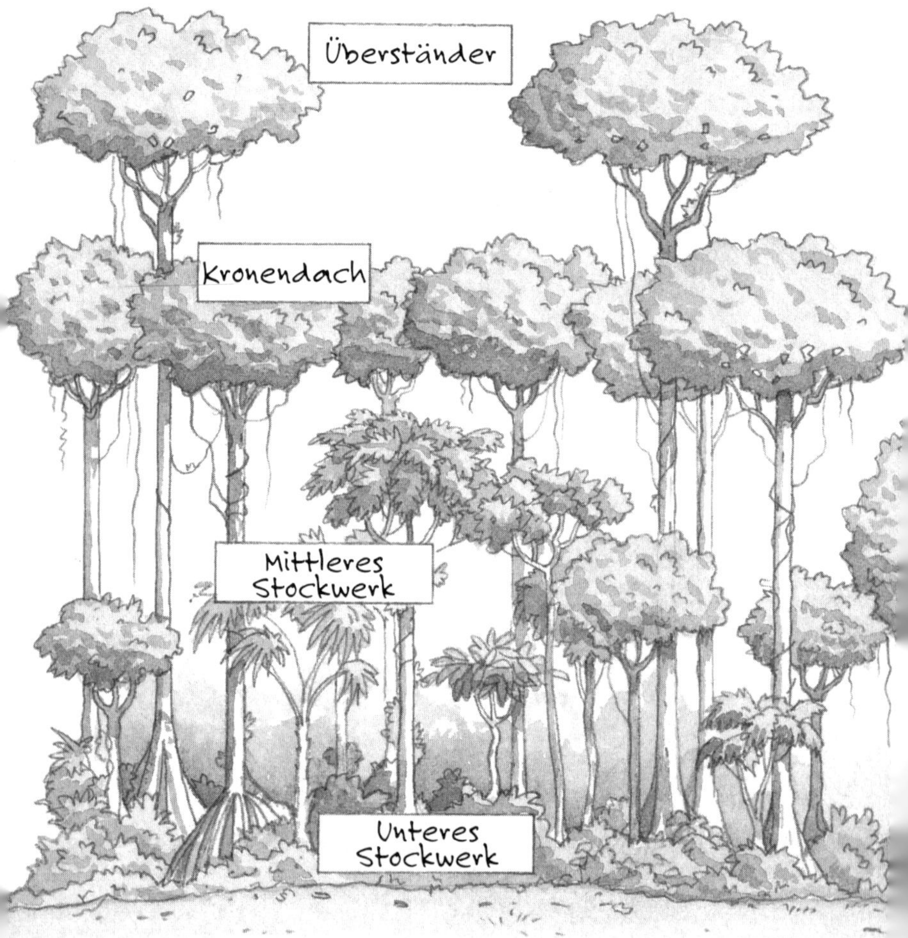

Insekten und Spinnen krabbeln in dem Teppich aus abgefallenen Blättern.

Jede Schicht des Regenwaldes scheint zunächst unabhängig von den anderen zu sein. In Wirklichkeit aber sind alle Tiere und Pflanzen des Waldes miteinander verbunden. Sie sind aufeinander angewiesen, um zu überleben. Eine solche wechselseitige Abhängigkeit nennt man *Interdependenz*.

Wechselseitige Abhängigkeit im Regenwald

1. Winzige Feigenwespen fliegen von einer Feigenblüte zur nächsten. Dabei tragen sie den *Pollen* der Blüten weiter.

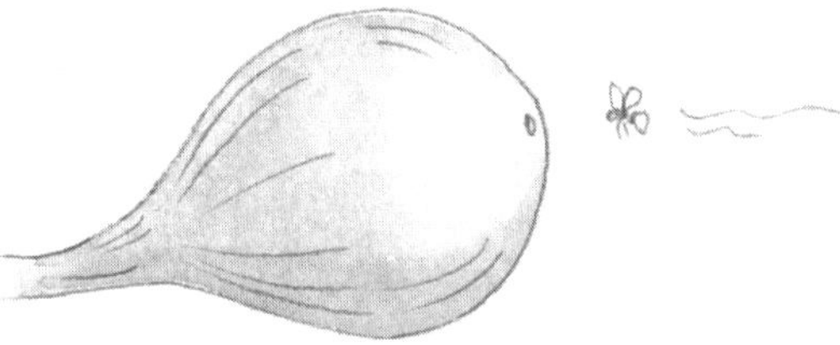

<u>Pollen</u> nennt man die winzigen weißen oder gelben Körnchen des Blütenstaubs.

2. Mithilfe des Pollens anderer Feigenbäume entwickeln sich die Früchte. Sie sind voller neuer Feigensamen.

3. Affen, Fledermäuse und Vögel fressen die Früchte und verbreiten die Samen in anderen Teilen des Waldes.

4. Neue Feigenbäume wachsen dort, wo Samen auf den Boden gefallen sind.

3

Pflanzen im Regenwald

Über die Hälfte aller Pflanzenarten der Erde wachsen in Regenwäldern. Viele Regenwaldpflanzen sind bis heute noch nicht entdeckt worden. Und die, die wir kennen, sind wirklich erstaunlich:

Im Regenwald gibt es Pflanzen, die Insekten fressen. Andere Pflanzen haben Früchte, die länger als Tennisschläger sind. Und es gibt Blüten, die größer sind als Fahrradräder!

Eine riesige Rafflesia-Blüte

Epiphyten

Viele Regenwaldpflanzen sind so genannte *Aufsitzer* oder *Epiphyten*. Sie wachsen auf Bäumen oder anderen Pflanzen. Ihre Wurzeln berühren nicht den Boden.

Die meisten Epiphyten des Regenwaldes wachsen im Kronendach. Auf einem einzigen Regenwaldbaum können über 50 verschiedene Arten von Epiphyten leben.

Orchidee

Fast alle Orchideen sind Epiphyten. Weltweit gibt es in den Regenwäldern über 20 000 verschiedene Orchideenarten.

Kletterpflanzen

Im Regenwald wachsen auch *Kletterpflanzen*. Sie wurzeln im Waldboden und ranken sich an den Baumstämmen empor, um an das Sonnenlicht zu kommen.

Kletterpflanzen mit harten, holzigen Ranken nennt man *Lianen*. Die Ranken einiger Lianen sind so dick, dass sie wie gewundene Baumstämme aussehen.

Diese Liane wird auch Affenleiter genannt.

Im Regenwald ranken sich die Lianen oft von Baum zu Baum. Die Lianen und die Äste des Kronendachs machen es Affen, Hörnchen und anderen Tieren leicht, von Baum zu Baum zu hüpfen.

Die Pflanzen, die im mittleren und im unteren Stockwerk wachsen, haben riesige Blätter!

Diese großen Blätter sind dazu da, im Halbschatten möglichst viel Licht einzufangen.

Manche Pilze findet man am Boden, andere an Baumstämmen.

Pilze

Pilze sind nicht auf das Sonnenlicht angewiesen. Sie wachsen auch im Dunkeln.

Baumpilze

Pilze wandeln die Überreste toter Pflanzen und Tiere in Nährstoffe um, von denen auch die Bäume leben. In den Regenwäldern wachsen sehr viele verschiedene Pilzarten.

Auf den folgenden Seiten stellen wir dir Pflanzen aus dem Regenwald vor.

Unsere Lieblingspflanzen

Kannenpflanze

An dieser tropischen Kletterpflanze wachsen so genannte Kannen, in denen sich bei Regen Wasser sammelt.

Die Kannen verströmen einen Geruch, der Insekten anzieht. Außerdem sind sie sehr glatt. Wenn sich ein Insekt auf den Rand der Kanne setzt, rutscht es sofort ab und fällt in das angesammelte Wasser. Das Insekt ertrinkt und löst sich auf. Die Pflanze nimmt die in ihm enthaltenen Nährstoffe auf.

Die Kannenpflanze wächst in Südostasien und Australien.

Die Kannen können über 2l Wasser aufnehmen!

Die Rafflesia wächst in
den Regenwäldern Asiens.

Rafflesia

Die Rafflesia bringt die größten Blüten der Welt hervor. Einige Blüten haben 1 m Durchmesser. Sie können über 11 kg wiegen – mehr als ein mittelgroßer Hund! Die Blüte blüht auf dem Waldboden. Der übrige Teil der Pflanze ist unter der Erde verborgen.

Die meisten Blüten duften süß. Die Rafflesiablüte aber stinkt nach fauligem Fleisch.

Leberwurstbäume

Die so genannten Leberwurstbäume haben herrliche rote Blüten. Diese öffnen sich bei Sonnenuntergang und blühen nur eine Nacht. Fledermäuse saugen den *Nektar* und die Pollen aus den Blüten. Da die Blüten von langen dünnen Stängeln herabhängen, kommen die Fledermäuse gut an sie heran.

Am Morgen fallen die Blüten ab, und an ihrer Stelle wachsen riesige Früchte, die bis zu 1 m lang werden. Wenn sie reif sind, sieht der Baum aus, als wäre er mit riesigen Würsten behängt.

Nektar ist der süße Saft der Blüten.

Leberwurstbäume wachsen in
afrikanischen Regenwäldern.

Würgefeigen wachsen in Asien, Südamerika und Afrika.

Würgefeigen

Das Leben einer Würgefeige beginnt in einer Astgabel im Kronendach, in die Affen, Vögel oder Fledermäuse Samen fallen ließen. Wie bei einer Liane wachsen belaubte Triebe nach oben an die Sonne. Gleichzeitig wachsen Luftwurzeln nach unten.

Wenn die Luftwurzeln den Boden erreicht haben, werden sie dicker und kräftiger. Nun bildet die Würgefeige einen eigenen Stamm. Dieser umschließt den Wirtsbaum und „erwürgt" ihn, indem er seine Nährstoffzufuhr abschneidet.

Schließlich stirbt der Wirtsbaum und verrottet. Die Würgefeige, die nun selbst ein Baum geworden ist, hat seinen Platz eingenommen.

Die Würgefeigen in den Wäldern Südafrikas nennt man Wonderbooms.

Roter Stummelaffe

4

Tiere im Regenwald

Sie kriechen und krabbeln, sie flitzen und fliegen, sie knurren und heulen. In den Regenwäldern wimmelt es nur so von Tieren!

Raubtiere und Beutetiere

Die meisten Tiere der Regenwälder ernähren sich von anderen Tieren. Tiere, die andere Tiere töten und fressen, bezeichnet man als *Raubtiere*. Die Tiere, die von ihnen getötet werden, nennt man *Beutetiere*.

Im Regenwald gibt es Tiere, die sich auf

besondere Weise vor Raubtieren schützen. Manche haben eine Farbe, die der Farbe ihrer Umgebung gleicht und so verhindert, dass sie auffallen. Diese Art von Schutz nennt man *Tarnung*.

Dieser Gecko hat eine Haut, die wie Steine und Erde aussieht.

Einige Tiere tun so, als wären sie Pflanzen. Wenn sie ganz still stehen, können die Raubtiere sie nicht erkennen und tun ihnen nichts.

Insekten wie diese Laubheuschrecke
haben Flügel, die wie Blätter aussehen.

Stabheuschrecken sehen wie Zweige aus.

Andere Tiere tun so, als wären sie größer und gefährlicher, als sie in Wirklichkeit sind. Falter und Schmetterlinge haben auf ihren Flügeln oft Muster, die wie große Augen aussehen. Wenn sie ihre Flügel ausbreiten, glauben Raubtiere, dies wären die Augen eines Tieres, das sie selbst fressen könnte.

Das ist ein so genannter Augenfleck.

Hilfe! Auch Raubtiere tarnen sich. Diese Vogelschlange sieht mehr wie eine Liane als wie eine Schlange aus – bis sie ihre Beute angreift.

Geschöpfe der Nacht

Im Regenwald ist nachts ebenso viel los wie am Tag. Viele Tiere kommen erst nach Sonnenuntergang aus ihren Verstecken. Man bezeichnet sie als *nachtaktive Tiere*.

Nachtaktiv bedeutet, dass die Tiere nachts wach sind.

Nachtaktive Tiere haben riesige Augen. Mit ihnen können sie auch im Dunkeln gut sehen.

Nachtaffen

Fledermäuse sind weit verbreitete nachtaktive Tiere. In den Regenwäldern leben weltweit hunderte von Arten. Fledermäuse haben einen gut ausgebildeten Geruchssinn, mit dessen Hilfe sie im Dunkeln Früchte und Blüten finden.

Andere verlassen sich auf ihr Gehör, um Beute zu finden und sich zu orientieren.

Vampire

Nachts glitzern die Bäume der Regenwälder vor lauter Glühwürmchen. Mit ihrem Leuchten locken Weibchen und Männchen einander an.

Federleuchtkäfer

Schnellkäfer

Tiere im Wasser

Bäche und Flüsse durchqueren die meisten Regenwälder der Erde. In ihnen leben tausende verschiedener Fischarten. Schlangen, Krokodile und Echsen lauern an den Ufern.

Einige Krokodilarten der Regenwälder werden über sechs Meter lang.
Fleisch fressende Piranhas haben scharfe Zähne. Sie ernähren sich überwiegend von Früchten und von anderen Fischen.
Auf den folgenden Seiten triffst du weitere Tiere der Regenwälder.

Unsere Lieblingstiere

Treiberameisen

Treiberameisen ziehen in großen Völkern über den Waldboden und suchen nach Nahrung.

Solch ein „Ameisenheer“ kommt in der Minute ungefähr 30 cm voran. Manchmal besteht ein Volk aus über einer Million Ameisen.

Treiberameisen jagen Spinnen, Insekten und manchmal sogar größere Tiere, die ihnen nicht schnell genug aus dem Weg gehen. Auch Menschen sollten Treiberameisen meiden, da ihre Bisse sehr schmerzhaft sind. Tödlich sind sie für Menschen aber nicht!

Treiberameisen leben in den
Regenwäldern Südamerikas.

Vogelspinnen fressen trotz ihres Namens nur selten Vögel. Häufiger töten sie Frösche, Schlangen, Mäuse und Eidechsen.

Vogelspinne

Die Vogelspinne ist eine der größten Spinnen der Welt. Der Abstand von einem Beinende zum anderen beträgt bei einer großen Vogelspinne bis zu 30 cm. Das heißt, sie kann breiter als dieses aufgeschlagene Buch werden! Vogelspinnen haben scharfe, gebogene Mundwerkzeuge, die 2,5 cm und länger sein können.

Vogelspinnen leben in den Regenwäldern Südamerikas.

Königin-Alexandra-Vogelfalter

Der Vogelfalter ist der größte Schmetterling der Erde. Die Spannweite seiner ausgebreiteten Flügel beträgt 30 cm!

Dieser Schmetterling ist sehr schön, aber auch gefährlich, denn er ist giftig: Sein Gift ist zwar nicht tödlich, aber Tiere, die ihn fressen, werden sehr krank.

Der Vogelfalter ist sehr selten.
Er lebt nur in einem kleinen
Regenwaldgebiet in Neuguinea.

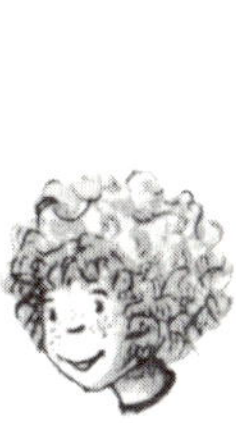

Atlaskäfer

Kannst du dir ein Insekt vorstellen, das so groß wie eine Maus ist, das lange Fühler und scharfe Krallen hat? Genau so sieht der Atlaskäfer aus.

Dieser Käfer ist das schwerste Insekt der Welt. Er wiegt so viel wie ein kleiner Hamster und wird 10 cm lang. An jedem Ende seiner Beine hat er zwei scharfe Haken, mit deren Hilfe er an Baumstämmen hinaufklettert. Wenn sich ein Atlaskäfer erst einmal irgendwo festgehakt hat, ist es fast unmöglich, ihn herunterzunehmen.

Der Atlaskäfer kommt in den Regenwäldern Afrikas vor.

Rotaugenlaubfrosch

Rotaugenlaubfrösche ernähren sich vor allem von Fliegen und anderen Insekten, manchmal fressen sie aber auch andere Froscharten. Sie jagen meist nachts, denn mit ihren großen Augen können sie in der Dunkelheit gut sehen. Sie haben klebrige Finger und Zehen, mit denen sie sich auch an glatten Baumstämmen, Ästen und Zweigen gut festhalten können.

Rotaugenlaubfrösche legen ihre Eier an Pflanzen ab, die über Wasser wachsen. Nach dem Ausschlüpfen lassen sich die Kaulquappen einfach ins Wasser fallen.

Rotaugenlaubfrösche leben in den Regenwäldern Mittel- und Südamerikas.

Pfeilgiftfrosch

Pfeilgiftfrösche sind winzig, aber tödlich! Die meisten Pfeilgiftfrösche werden nur 2,5 cm lang. Ihre Haut enthält ein Gift, das Tiere, die den Frosch fressen, tötet. Das Gift eines einzigen Pfeilgiftfrosches genügt, um über hundert Menschen zu töten!

Die leuchtende Färbung der Pfeilgiftfrösche warnt andere Tiere vor ihnen. Ihren Namen haben sie bekommen, weil die in den Regenwäldern lebenden Indianer ihr Gift seit Jahrhunderten für Blasrohrpfeile verwenden.

Pfeilgiftfrösche leben in den Regenwäldern Mittel- und Südamerikas.

Faultiere

Faultiere gehören zu den langsamsten Tieren der Welt. Ein Faultier bräuchte eine Stunde, um ein Wohnzimmer zu durchqueren.

Faultiere haben lange, gebogene Krallen, die gefährlich aussehen. Doch sie greifen nie andere Tiere an: Das wäre ihnen viel zu anstrengend. Sie fressen nur Blätter.

Ihre Krallen setzen Faultiere wie Haken ein, um sich von Ästen hängen zu lassen.

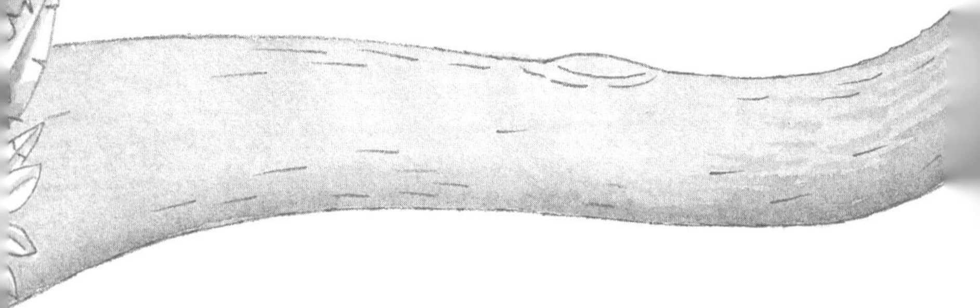

Faultiere leben in den Regenwäldern Mittel- und Südamerikas.

So verbringen sie den
größten Teil ihres Lebens.

Tukan

Tukane haben riesige bunte Schnäbel. Sie benutzen sie wie Scheren, um Beeren und Früchte von den Zweigen von Bäumen und Sträuchern zu schneiden.

Ein Tukanschnabel ist nicht so schwer, wie er aussieht. Er ist hohl und besteht aus einer dünnen Schale über einem Knochengerüst.

Zum Schlafen dreht der Tukan seinen

Kopf zur Seite und stützt den Schnabel auf seinen Rücken auf. Dann faltet er den Schwanz über den Schnabel.

Tukane kommen in Mittel- und Südamerika vor.

Jaguar

Jaguare sind herrliche große Katzen. Die Männchen werden bis zu 1,80 m lang und 110 bis 135 kg schwer – das sind ungefähr die Maße eines Eishockeyspielers!

Jaguare können sehr gut klettern. Oft

lauern sie auf Bäumen, um sich auf Hirsche, wilde Schweine und andere Tiere zu stürzen, die durch den Wald streifen.

Anders als die meisten Katzen sind Jaguare auch gute Schwimmer: In den Flüssen der Regenwälder jagen sie Fische, Schildkröten und sogar Krokodile. Leider leben nur noch wenige von ihnen in Freiheit. Viele Jaguare wurden wegen ihres schönen Fells getötet.

Jaguare leben in den Regenwäldern Mittel- und Südamerikas.

Riesenschuppentier

Riesenschuppentiere gehören zu den merkwürdigsten Bewohnern der Regenwälder. Sie haben lange dünne Köpfe. Ihre Beine sind kurz, ihre Krallen riesig und scharf. Sie haben keine Zähne. Am seltsamsten aber sind die großen, dicken Schuppen, die den ganzen Körper bedecken.

Wenn ein Schuppentier Angst hat, rollt es sich zu einer festen Kugel zusammen. Seine Schuppen schützen es vor Angriffen.

Schuppentiere ernähren sich von Ameisen und ähnlichen Insekten, wie Termiten. Sie gehen normalerweise nachts auf die Jagd.

5

Leben im Regenwald

In den Regenwäldern der Erde leben tausende von Menschen. Jahrhundertelang fanden sie alles, was sie zum Leben brauchten, in den Wäldern.

Jäger und Sammler

Die Menschen im Regenwald leben meist in kleinen Gruppen zusammen. Sie ernähren sich überwiegend von dem, was sie auf der Jagd erlegen und im Wald sammeln. Menschen mit einer solchen Lebensweise bezeichnet man als *Jäger und Sammler*.

Die *Mbuti* sind Jäger und Sammler. Sie leben im Ituri-Regenwald im Nordosten der Demokratischen Republik Kongo.

Die Mbuti jagen mit Speeren und mit Pfeil und Bogen. Aus Lianen knüpfen sie große Netze, mit denen sie Tieren Fallen stellen. Sie jagen Antilopen, Waldschweine, Büffel, Elefanten, Affen und andere Tiere. Das Fleisch der Tiere essen sie. Aus Häuten und Knochen machen sie Kleidung und Werkzeug; nichts wird vergeudet.

Früher töteten die Mbuti nur so viele Tiere, wie sie für sich selbst brauchten. Heute treiben sie auch mit den Bewohnern der Dörfer am Rande des Waldes Handel.

Während die Männer auf der Jagd sind, sammeln Frauen und Kinder Wurzeln, Nüsse, Früchte, Schnecken und Ameisen. Sie fangen auch Fische und Krebse.

Alle paar Wochen ziehen die Mbuti an

eine neue Stelle im Wald, an der sie genügend Nahrung finden. Die Frauen und Kinder schlagen das neue Lager auf. Sie bauen aus Ästen und großen Blättern Hütten. In nur wenigen Stunden können sie ein ganzes Dorf errichten.

Die Hütten der Mbuti sind wie Halbkugeln geformt. Innen ist nur ein Raum, in dem mehrere Menschen schlafen.

Die Mbuti bemalen Stoffe aus Baumrinde. Die Männer schälen die Rinde von den Bäumen. Dann legen sie sie in Wasser und klopfen sie mit einem Hammer weich. Anschließend verzieren die Frauen sie mit Mustern oder mit Zeichnungen von Waldtieren.

Rindenmalerei der Mbuti

Die Musik ist im Leben der Mbuti sehr wichtig. Sie haben Trommeln und Rasseln. Sie singen auf der Jagd und beim Honigsammeln, beim Bau einer Hütte oder wenn sie Spiele spielen.

Mit ihrer Musik ehren die Mbuti den Schutzgeist des Waldes. Die Mbuti glauben, dass der Waldgeist sie bewacht und beschützt, so wie Eltern es bei ihren Kindern tun. Deshalb nennen sie sich „Kinder des Waldes“. Jeden Tag danken sie dem Wald für seine Gaben.

Regenwaldbauern

Im Regenwald leben auch Menschen, die neben dem Jagen und Sammeln Ackerbau betreiben. Da der Boden sehr unfruchtbar ist, haben die *Regenwaldbauern* eine bestimmte Technik entwickelt: den *Wanderfeldbau*.

Sie gewinnen Land für Felder, indem sie Bäume fällen und sie verbrennen. Dann pflanzen sie Samen in die Asche. Die Asche wirkt als Dünger für die jungen Pflanzen.

Nach wenigen Jahren ziehen die Regenwaldbauern weiter und legen neue Felder an, sodass die Pflanzen wieder nachwachsen können. Bis zu 20 Jahre können vergehen, bevor der Boden sich erholt hat und ein altes Feld neu bepflanzt werden kann.

Die *Yanomami* sind Regenwaldbauern. Sie haben im Amazonas-Regenwald kleine Gärten, in denen sie Bananen, Yamswurzeln und Süßkartoffeln anbauen. Sie ziehen auch Kochbananen, die wie große unreife Bananen aussehen.

Zusätzlich sammeln die Yanomami Nüsse, Pilze und Honig. Und sie jagen

Vögel und fangen Frösche und Insekten, um sie zu essen.

Die Jungen der Yanomami lernen früh, wie man jagt.

Die Yanomami bauen sich aus Ästen und Palmwedeln Häuser, die ein Dach, aber keine Wände haben. Diese Häuser bilden einen Kreis. Abends treffen sich die Familien auf dem Platz in der Mitte und erzählen sich Geschichten. Am liebsten mögen die Yanomami Geschichten über Jaguare, die furchterregendsten Tiere des Waldes.

Jahrhundertelang lebten die Yanomami wie ihre Vorfahren. Sie hatten kaum Kontakt zu den Menschen außerhalb des Waldes. Dann wurde alles anders.

In den 80er-Jahren des 20. Jahrhunderts wurde im Grenzgebiet zwischen Brasilien und Venezuela Gold entdeckt. Dort lebten die Yanomami seit Generationen.

Plötzlich drangen tausende von Fremden in ihr Land ein, um nach Gold zu suchen.

Die Goldgräber fällten Bäume und bauten Straßen. Die Yanomami konnten nicht mehr so leben, wie sie es gewohnt waren. Der Lärm von Flugzeugen und Maschinen vertrieb das Wild. Die Fremden brachten Krankheiten wie Malaria, Grippe und Masern.

Die Regierungen Brasiliens und Venezuelas versuchen inzwischen, die Yanomami und ihr Land zu schützen.

Ebenso wie die Mbuti haben auch die Yanomami lange Zeit friedlich mit dem Wald zusammengelebt. Sie glauben, dass die Natur alles erschafft und dass die Menschen den Wald lieben und achten sollten.

Regenwaldbewohner wie Mbuti und Yanomami können den Menschen, die

nicht im Regenwald leben, viel beibringen. Sie wissen zum Beispiel, welche Pflanzen nahrhaft, welche giftig und welche wirksame Heilmittel sind.

Am wichtigsten aber ist, dass wir von ihnen lernen können, den Regenwald zu nutzen, ohne ihn zu zerstören.

Aufwachsen im Regenwald

Kinder, die im Regenwald aufwachsen, lernen dabei alles, was für das Überleben wichtig ist.

1. Was ist essbar?

Einige Pflanzen und Tiere sind giftig. Im Regenwald lernen die Kinder, welche essbar und welche gefährlich sind.

2. Wie man jagt, sammelt und kocht.

Vor allem die Mädchen lernen, wo man schmackhafte Pflanzen findet und wie man sie zubereitet.

Die Jungen lernen, Tiere mit Speeren, mit Pfeil und Bogen und mit Netzen zu jagen.

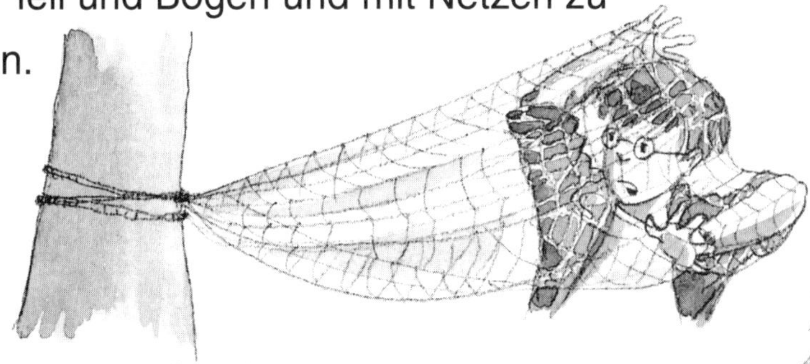

3. Wie man Spaß hat!

Die Menschen, die in Regenwäldern leben, treffen sich am Ende des Tages zum Geschichtenerzählen. Manchmal tanzen und singen sie. Die Kinder lernen die Tänze und Lieder von den Erwachsenen.

SARCUNI

6

Geschenke der Regenwälder

Regenwälder können einem wie verzauberte, weit entfernte Orte vorkommen. Doch viele Dinge, die wir jeden Tag benutzen, kommen aus den Regenwäldern der Erde.

Überleg mal, was du gestern getan hast. Hast du eine Banane oder eine Tomate gegessen? Bananen und Tomaten wuchsen ursprünglich nur in Regenwäldern.

Hast du auf einem Stuhl oder an einem Tisch gesessen? Sie könnten aus dem Holz eines Regenwaldbaums gemacht worden sein.

Bist du in einem Auto oder Bus gefahren oder mit dem Fahrrad? Reifen sind aus Gummi. Gummi wurde früher aus dem Saft eines Baums hergestellt, der im Regenwald wächst.

Das „Anzapfen" eines Gummibaums schadet dem Baum nicht.

Lebensmittel aus dem Regenwald

Viele Lebensmittel stammten ursprünglich aus Regenwäldern. Diese Speisen und Gewürze sind uns heute so vertraut, dass wir uns eine Welt ohne sie nicht vorstellen können: Orangen, Ananas, Grapefruits, Avocados, Pfeffer, Zimt, Muskatnuss, Vanille, Kaffee, Erdnüsse, Cashewnüsse und Kakaobohnen.

Viele dieser Nutzpflanzen werden heute auf Plantagen angebaut. Entdeckt aber wurden sie in den Regenwäldern der Erde.

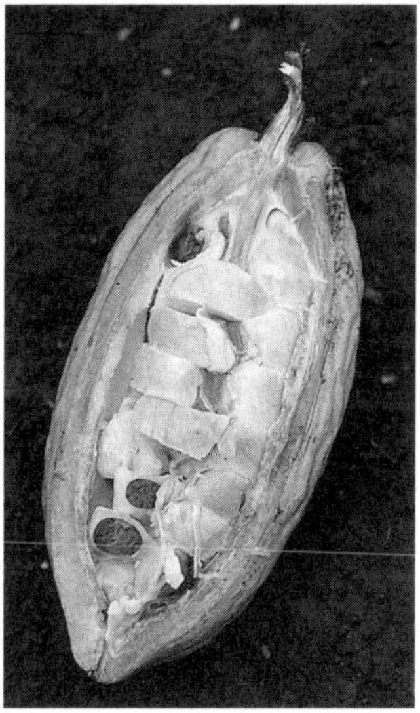

In den Schoten des Kakaobaums sind Kakaobohnen.

Ungefähr ein Viertel der heute verwendeten Medikamente wird aus Regenwaldpflanzen hergestellt.

Medikamente aus dem Regenwald

Andere wichtige Geschenke aus dem Regenwald sind Heilmittel. Tausende von Jahren lang behandelten die Menschen der Regenwälder Krankheiten mit Pflanzen. Heute erforschen Wissenschaftler aus aller Welt die Regenwälder, um neue Medikamente zu entwickeln.

Tropisches Immergrün

Das *Tropische Immergrün* wächst im Regenwald auf Madagaskar. Es wird für Medikamente verwendet, mit denen man mehrere Arten von Krebs behandelt. Medikamente aus anderen Regenwaldpflanzen helfen bei Herzerkrankungen, hohem Blutdruck und Magenleiden.

Wissenschaftler hoffen, in Regenwäldern eines Tages Heilmittel gegen Aids und andere gefährliche Krankheiten zu finden.

Erwärmung der Erdatmosphäre

Die Regenwälder sind auch aus einem anderen Grund wichtig. Sie beeinflussen das *Klima* auf der Erde.

Klima ist das Wetter, das an einem Ort überwiegend herrscht.

Die Luftschicht, die die Erde umgibt, nennt man *Atmosphäre*. In dieser Atmosphäre gibt es verschiedene Gase. Eines davon ist der *Sauerstoff*. Um leben zu können, brauchen Menschen und Tiere Sauerstoff, den sie beim Einatmen der Luft aufnehmen. Beim Ausatmen geben sie dafür ein anderes Gas an die Atmosphäre ab: das *Kohlendioxid*. Kohlendioxid speichert in der Atmosphäre Sonnenwärme.

Wenn die Atmosphäre zu viel Kohlendioxid enthält, entstehen Probleme. Dadurch kann es auf der Erde zu heiß werden. Man spricht dann von einer *Erwärmung der Erdatmosphäre*.

Pflanzen benötigen Kohlendioxid, um zu leben. Die Millionen von Bäumen und Pflanzen der Regenwälder nehmen große Mengen von Kohlendioxid aus der Atmosphäre auf. Auf diese Weise schützen sie unseren Planeten und seine Bewohner vor der Erwärmung. Dies ist das größte Geschenk des Regenwaldes.

Die Geschenke des Regenwaldes

Nahrung

Holz

Gummi

Medikamente

Schutz vor der Erwärmung

der Atmosphäre

Zukünftige Geschenke

Bis jetzt haben Wissenschaftler nur einen kleinen Teil der Pflanzen und Tiere der Regenwälder erforscht. Viele wertvolle Dinge warten noch darauf, entdeckt zu werden.

Vielleicht gibt es in den Regenwäldern Nahrungsmittel, die wir heute noch gar nicht kennen. Neue Medikamente könnten gefunden werden. Womöglich entdeckt man im Regenwald sogar neue Brenn- und Treibstoffe.

Solange die Regenwälder wachsen und gedeihen, halten sie für die Welt zahllose Geschenke bereit.

Der Regenwald in deiner Küche
Kaffee
Gewürze
Erdnüsse
Rattan
Holz

Viele Topfpflanzen stammen von Pflanzen der Regenwälder ab.
Schokolade wird aus den Bohnen des Kakaobaums hergestellt. Dieser Baum wurde im Amazonas-Regenwald entdeckt.
Bananen werden inzwischen auf Plantagen in aller Welt angebaut. Ursprünglich aber stammen die Früchte aus dem tropischen Regenwald.
Ananas

7

Rettet die Regenwälder!

Die Regenwälder gehören zu den kostbarsten Schätzen der Erde. Doch sie sind weltweit in Gefahr: Die Menschen fällen viele Bäume, ohne dafür neue zu pflanzen. Riesige Waldflächen werden gerodet, um Straßen und Häuser zu bauen. Auch um Felder und Weiden anzulegen, werden Bäume gefällt.

Die Hälfte der Regenwälder der Erde wurde bereits vernichtet. In jeder Sekunde

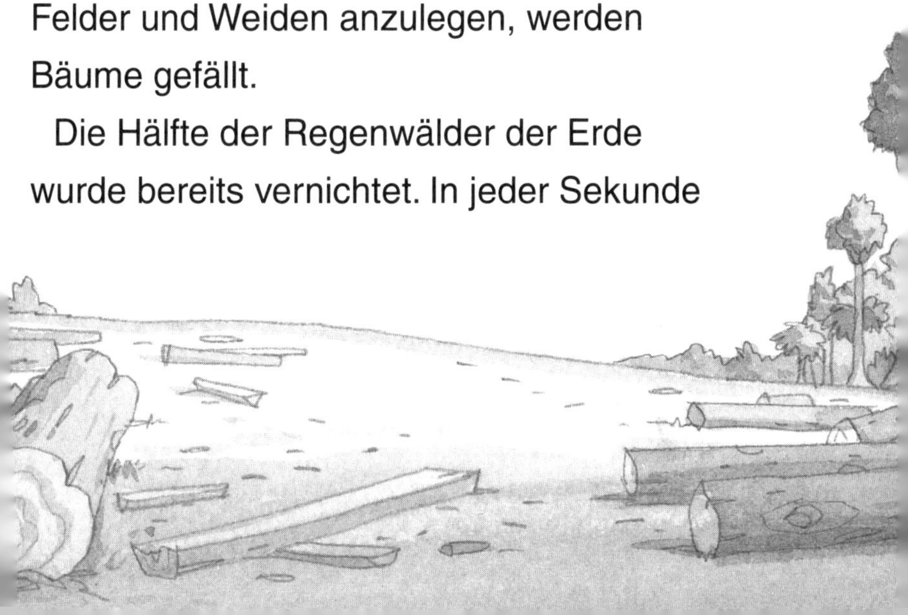

verschwindet eine Waldfläche, die so groß wie ein Fußballplatz ist.

Jeder Regenwald ist die Heimat von Pflanzen- und Tierarten, die nirgendwo sonst auf der Erde vorkommen. Wenn ein Regenwald zerstört wird, sterben diese Pflanzen und Tiere mit ihm.

Umweltschützer

Die Natur wird auch *Umwelt* genannt. Menschen, die sich mit der Umwelt beschäftigen und versuchen, sie zu schützen, nennt man *Umweltschützer*.

Umweltschützer arbeiten mit den Regierungen der Länder zusammen, in denen es Regenwälder gibt. Sie sprechen auch mit den Bewohnern der Regenwälder und lernen von ihnen. Sie suchen nach Wegen, wie die Menschen das, was sie brauchen, aus den Regenwäldern gewinnen können, ohne diese für immer zu zerstören.

Naturschutzgebiete

Naturschutzgebiete werden durch die Regierungen geschützt. In ihnen darf man keine Tiere jagen und keine Pflanzen beschädigen. Überall auf der Welt wurden Teile der Regenwälder zu Naturschutzgebieten erklärt.

Bedrohte Arten

Einige Tierarten werden immer seltener. Zum Beispiel gab es in den Regenwäldern Südamerikas früher tausende von Spinnenaffen. Heute sind es nur noch ein paar Hundert.

Wenn die Gefahr besteht, dass es eine Tierart wie den Spinnenaffen bald nicht mehr gibt, spricht man von einer *bedrohten Art*. Solche Tierarten werden durch Gesetze geschützt. Leider beachten viele Leute diese Gesetze nicht. Wenn das letzte Tier einer bedrohten Art gestorben ist, sagt man, dass es ausgestorben ist. Es ist für immer von der Erde verschwunden.

Nahezu 95% der Gebiete, in denen Spinnenaffen lebten, wurden zerstört.

So können Kinder helfen

Je besser die Menschen über die Regenwälder Bescheid wissen, desto mehr werden sie sich für sie interessieren – und sich darum bemühen, dass sie erhalten bleiben.

Wenn du etwas für die Regenwälder tun willst, dann solltest du zuerst versuchen, möglichst viel über sie zu erfahren. Erzähle das, was du weißt, deinen Freunden und deiner Familie. Sage ihnen, welche wunderbaren Geschenke uns der Regenwald macht. Berichte ihnen von den erstaunlichen Pflanzen und Tieren, die im Regenwald leben. Erkläre ihnen, wie wichtig die Regenwälder für unseren Planeten sind.

Auf diese Weise können Kinder in aller Welt zur Rettung der Regenwälder beitragen und helfen, diese Lebensräume zu bewahren.

Register

Bildnachweis

Dr. James L. Castner (Seite 111, 114, 127o, 128, 131ul, 131ur, 170, 171l, 171r). Ecoscene/CORBIS (Seite 180). Michael und Patricia Fogden/CORBIS (Seite 127u, 129, 131o). Brian Forrest (Seite 158, bemalter Mbuti-Rindenstoff, Ituri-Regenwald, Pflanzenfarbe aus Gardenien auf geklopfter Faser der Innenrinde 1960er/1970er, Sammlung von Andres und Vanessa Moraga, Berkeley). Frank Lane Picture Agency/CORBIS (Seite 102). Owen Franken/CORBIS (Seite 168). Darrell Gulin/CORBIS (Seite 98). Chris Hellier/CORBIS (Seite 172). Chris Johns/NGS Image Collection (Seite 113). Wolfgang Kaenier/CORBIS (Seite 110). Timothy Laman/NGS Image Collection (Seite 112). Robert Madden/NGS Image Collection (Seite 154). Michael Nichols/NGS Image Collection (Seite 108, 161, 165). Kevin Schafer/CORBIS (Seite 100, 101, 130, 183). Thomas T. Struhsaker (Seite 124). Heather K. Whittington (Seite 126).

Wissen und Spannung – das ist die richtige Mischung!

ISBN 3-7855-3754-9

ISBN 3-7855-4225-9

Die Sachbuchreihe zur erfolgreichen Romanserie

ISBN 3-7855-3592-9

ISBN 3-7855-4223-2

Loewe

Mary Pope Osborne und **Will Osborne** sind seit mehreren Jahren verheiratet und leben zusammen mit ihrem Norfolkterrier Bailey in New York. Mary hat bereits mehr als 50 Kinderbücher geschrieben; Will arbeitete lange als Schauspieler, Regisseur und Autor am Theater.
Zusammen haben sie an zwei Büchern über griechische Mythologie mitgearbeitet.
Zu ihrer gemeinsamen Arbeit an dem *Forscherhandbuch Regenwald* meinten die Autoren:
„Ebenso wie Anne und Philipp hat es auch uns viel Spaß gemacht, mehr über die Regenwälder zu erfahren. Wir besichtigten im Central Park Zoo in New York einen künstlichen Regenwald und eine Ausstellung lebender Schmetterlinge im American Museum of Natural History. Wir haben uns Riesenschlangen, lustige Affen, Vampirfledermäuse, Fleisch fressende Piranhas und winzige giftige Frösche angesehen. Außerdem haben wir viel Zeit mit Internetrecherchen verbracht. Seitdem denken wir immer, wenn wir eine Banane essen oder eine Tasse Kaffee trinken, daran, wie wichtig es ist, die Regenwälder zu erhalten.“

Jutta Knipping, geboren 1968, hat erst eine Ausbildung zur Druckvorlagenherstellerin absolviert, bevor sie in Münster Visuelle Kommunikation studierte. Schon während ihres Studiums hat sie erste Bücher illustriert. Mittlerweile ist sie freiberuflich als Grafik-Designerin und Illustratorin tätig. Jutta Knipping lebt mit ihrem Mann in der Nähe von Osnabrück und lässt sich von ihren beiden Katern Momo und Moritz gern bei der Arbeit zugucken.